L'emballage
dans tous ses états

Wrapping
in all its Forms

Martine Soulier

Photographies / Photography
Matthias Parillaud

stichting
kunstboek

Martine Soulier hisse l'emballage floral vers de nouveaux sommets.
Dans son dernier livre, elle adapte ses nombreuses techniques d'emballage
à la diversité de l'art floral, apportant ainsi un nouvel élément décoratif.
Le nombre de concepts abordés ici est le fruit de son expérimentation
minutieuse, associant différents éléments et les utilisant avec professionnalisme
pour des présentations créatives, astucieuses ou fantasques.
Nous avons été témoins de son esprit créatif lors de sa formation EMC. Elle est
la première fleuriste à être diplômée du European Master Certification program.
Origami, pliage, froissage, autant de techniques qui vont vous permettre
d'impressionner vos clients.
Ce livre est un « must have » qui inspirera n'importe quel professionnel
ou plus simplement toute personne souhaitant mettre en valeur ses fleurs
en les présentant de la plus magnifique des manières.

Préparez-vous à jouer avec papier, fleurs et ciseaux !

Martine Soulier takes wrapping flowers to new heights.
In this latest book, she adapted many of her packaging techniques to be used
in a large diversity of floral designs, where they add a decorative touch as well.
The designs featured within this volume are the result of her experimentations
with a mix of intriguing components and applying them professionally in
creative, clever and whimsical ways. We witness her creative mind at work.
She is the first florist to graduate from the European Master Certification program.
Origami folding, pleating, ruffling, ruching ... many techniques and ideas are featured
and will impress your customers. This book is a must-have that will inspire anyone in
the flower business and everyone who loves to see flowers presented in the most
attractive way.

Get ready to play with paper, flowers and scissors!

Tomas De Bruyne & Hitomi Gilliam AIFD
Co-founders of EMC
European Master Certification

5 façons
d'emballer un bouquet rond
5 ways
to wrap a round bouquet

Papillons Butterflies — 8

Surprise Surprise — 12

Délicatesse Delicacy — 18

Séduction Seduction — 22

Affinité Affinity — 26

Emballer
les plantes simples ou élaborées 34
Wrapping
simple or elaborate plants

Rhombe Rhombus — 36

Rouge Cerise Cherry Red — 40

Graphique Graphic — 46

Sauvage Wild — 50

Aérien Airy — 54

Coffret vegetal Plant gift box — 60

Pyramidal Pyramidal — 66

Les généreux
et festifs
Generous
and festive

74
Bucolique Bucolic *76*

Raffiné Refined *80*

Distingué Distinguished *84*

Fourreau Sheath *88*

Ton sur Ton Tone-on-Tone *96*

Les originaux
simples et chics
Originals
simple and chic

104
Tropical Tropical *106*

Illusion Illusion *110*

Entre Deux Between the two *114*

Twins Twins *118*

5

5 façons
d'emballer un bouquet rond

5 ways
to wrap a round bouquet

Papillons Butterflies

Matériel
Fibre
Papier kraft
Ciseaux
Épingles
Laine

Materials
Fiber sheet
Kraft paper
Scissors
Pins, Wired wool cord

Végétaux
Rosa

Botanical materials
Rosa

❯ Astuce : ne garder qu'un demi-carré de chaque texture, soit deux triangles qui serviront pour un autre bouquet.
❯ Tip: The halved squares or two leftover triangles of each paper, can be saved to wrap another bouquet.

❯ Couper 1 carré de fibre et un carré de kraft. Pour cela vous devez plier en diagonale votre fibre et couper celle-ci. Faire de même pour le papier kraft.
❯ Cut a square sheet of fiber wrap and a square sheet of kraft paper by folding the papers diagonally and cutting along the edges of the paper.

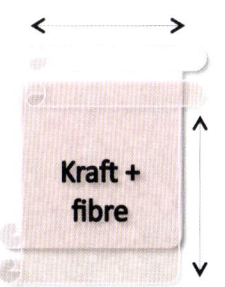
Kraft + fibre

> Couper le milieu de votre pli pour les deux matières.
> Cut both sheets of paper in half on the fold.

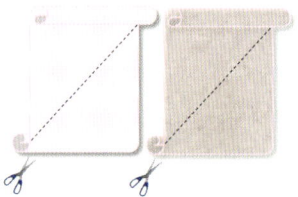

> Plier le papier kraft en 2 points : B vers le A, vous obtenez un plus petit triangle.
Répéter la même opération pour la fibre.
> Fold point B of the kraft paper to point A to obtain a smaller triangle.
Repeat for the fiber sheet.

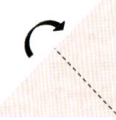

> Placer le bouquet sur le triangle kraft, puis recouvrir du triangle en fibre.
> Position the bouquet on the kraft paper triangle and cover it with the fiber sheet triangle.

> Faire 2 plis creux, puis attacher votre bouquet à l'aide de la laine.
> Make two valley folds. Attach the bouquet with wired wool cord.

> Finir esthétiquement le haut avec des épingles en prenant les deux pointes et former deux ailes de papillon.
> Finish the top in an artful way. Fold down the two points to form two butterfly wings and secure with pins.

Matériel
Papier kraft 80 cm
Ciseaux
Double face
Agrafeuse
Bouton pression
Corde

Materials
Kraft paper 80 cm
Scissors
Double-sided tape
Stapler
Snaps
Piece of string

Végétaux
Rosa
Bouvardia
Viburnum 'Roseum'
Gaultheria

Botanical materials
Rosa
Bouvardia
Viburnum 'Roseum'
Gaultheria

› Astuce: cet emballage peut se faire à l'avance pour un bouquet, plante ou un arrangement.
› Tip: This wrapping for a bouquet, plant or arrangement can be made in advance.

› Pour un bouquet rond, couper un carré de papier kraft, reprendre les explications du 'coffret végétal' (voir page 61).
› For a round bouquet, cut a square sheet of kraft paper and follow the instructions for the 'plant gift box' (see page 61).

› Placer un morceau de double face en-dessous de chaque revers.
› Stick a piece of double-sided tape close to the fold on the underside of each flap.

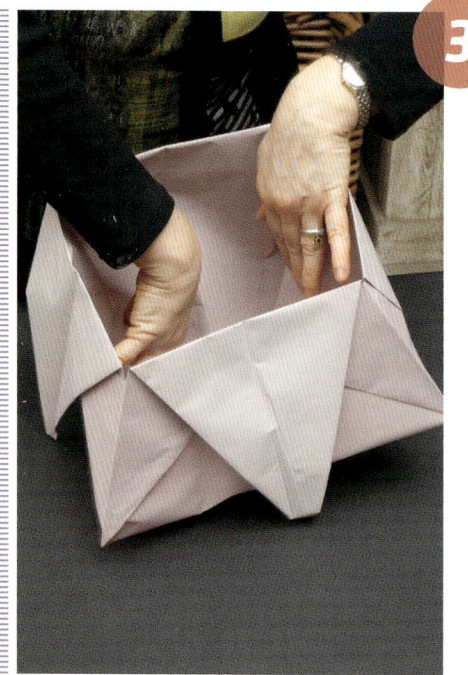

› Ouvrir votre pliage et introduire votre bouquet.
› Open the fold and place the bouquet inside the box.

› Afin de bien positionner le bouquet, agrafer au niveau des 4 plis.
› To better hold the bouquet, staple together the 4 folded areas.

› Mettre un morceau de papier kraft au bas des tiges et attacher esthétiquement.
› At the bottom, cover the stems with a piece of kraft paper and attach it in a visually pleasing way.

› Pour finir votre emballage, rabattre sur elles-mêmes les pointes pour placer les boutons pressions sur les 4 pointes.
› To finish the wrapping, fold the flaps back up and place snaps on all 4 of them.

Délicatesse Delicacy

Matériel
Papier kraft
Ciseaux
Ruban
Perforeuse

Materials
Kraft paper
Scissors
Ribbon
Hole punch

Végétaux
Rosa
Viburnum 'Roseum'
Clematis
Chamelaucium

Botanical materials
Rosa
Viburnum 'Roseum'
Clematis
Chamelaucium

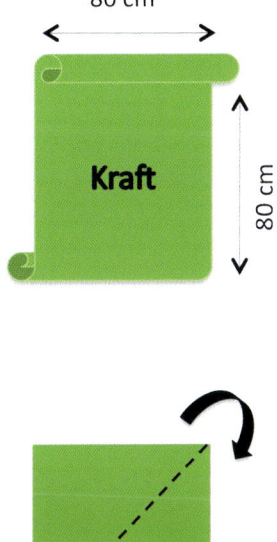

80 cm
80 cm
Kraft

› Couper un carré en marquant le pli de la diagonale.
› Cut a square sheet of kraft paper by folding the paper diagonally, pressing down the fold and cutting the paper along its edges.

2

› Ouvrir votre carré et couper dans la diagonale jusqu'au milieu.
› Open the square and cut the paper halfway along the diagonal fold.

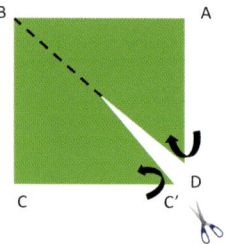

3

› Installer le bouquet au milieu de l'emballage. Positionner le lien de votre bouquet au niveau des deux morceaux coupés.
› Place the bouquet in the middle of the wrapping and position the tied grip of the bouquet at the halfway point of the cut paper.

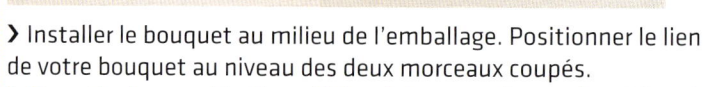

4

› Soulever le point C, enrouler celui-ci sur votre bouquet. Mettre la pointe C en haut de l'emballage et perforer afin de fixer votre ruban.
› Lift point C and fold it over the bouquet, place point C at the top of the wrapping and punch holes in it to fix the ribbon.

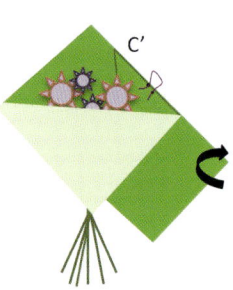

> Plier vers l'extérieur votre côté droit point A par-dessous le bouquet, perforer à l'opposé. Puis placer votre ruban. Se crée alors devant votre emballage un pli point D. Le marquer, l'épingler ou mettre votre étiquette.

> Fold point A, on the right side, towards the exterior from underneath the bouquet, punch holes on the opposite side, and then place the ribbon. Create a fold on the front of your wrapping at point D, mark it, pin it or place your shop label on it.

> Couper un morceau de papier kraft afin de cacher les tiges. Attacher à laide de votre ruban.

> Cut a piece of kraft paper to hide the stems. Attach it to the wrapping with a piece of ribbon.

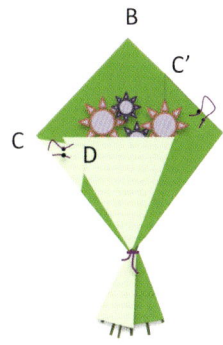

Séduction
Seduction

Matériel
Papier kraft 80 cm
Ciseaux
Ruban
Pince
Attache parisienne

Materials
Kraft paper 80 cm
Scissors
Ribbon
Plier, Brass fastener

Végétaux
Rosa
Arachnis
Ranunculus
Feuilles de Philodendron
 'Rojo Congo'

Botanical materials
Rosa
Arachnis
Ranunculus
Philodendron
 'Rojo Congo' leaves

> Couper un rectangle correspondant à 3 fois le diamètre de votre bouquet.
> Cut a rectangular sheet of paper 3 times the diameter of the bouquet.

› Faire un pli de 25 cm environ sur tout le long.
› Fold over a 25 cm strip across the entire width of the paper.

› Plier les 2 coins de chaque côté de votre rectangle, parallèles à la ligne de votre rabat.
› Fold the corners on each side of the rectangle towards the line of the flap.

› Installer votre bouquet au centre et en haut.
› Place the bouquet in the center of the upper part of the paper.

› Rabattre de chaque côté votre papier sur le bouquet. Perforer et placer la pince parisienne.
› Bring each side of the paper over the bouquet. Perforate and insert a brass fastener.

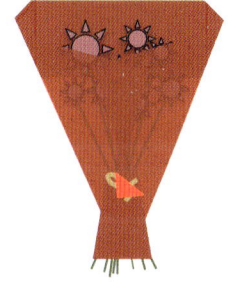

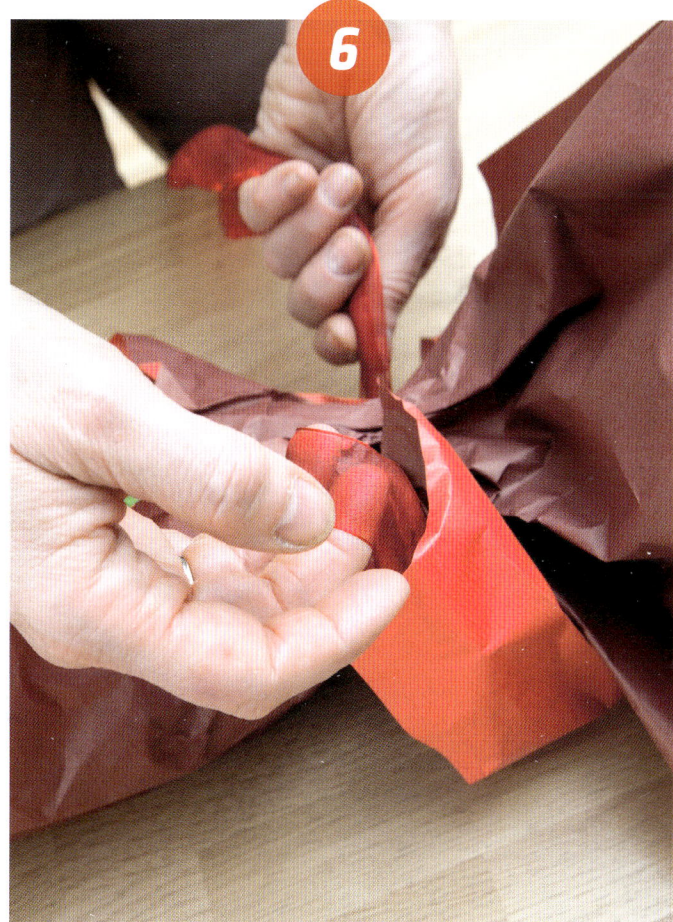

› Coupez un morceau de papier kraft, le placer au niveau de votre lien du bouquet et attacher avec votre ruban.
› Cut a piece of kraft paper, place it at the grip of the bouquet and attach it with a ribbon.

› Finir esthétiquement le haut de votre bouquet avec votre ruban.
› Artfully finish the top of the bouquet with some ribbon.

Affinité

Affinity

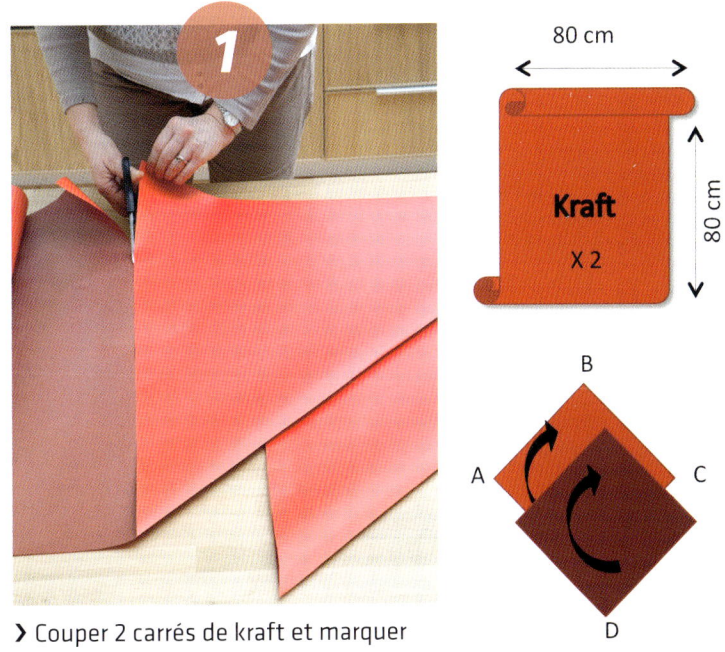

Matériel
Papier kraft 80 cm
Ruban
Ciseaux
Épingles

Materials
Kraft paper 80 cm
Ribbon
Scissors
Pins

Végétaux
Rosa
Arachnis
Ranunculus
Feuilles de Philodendron 'Rojo Congo'

Botanical materials
Rosa
Arachnis orchid
Ranunculus
Philodendron 'Rojo Congo' leaves

› Couper 2 carrés de kraft et marquer les plis de la diagonale.
› Cut 2 square sheets of kraft paper and press down the diagonal lines.

> Couper en deux, les 2 carrés. Vous obtenez 4 triangles.
> Cut the 2 squares in half to obtain 4 triangles.

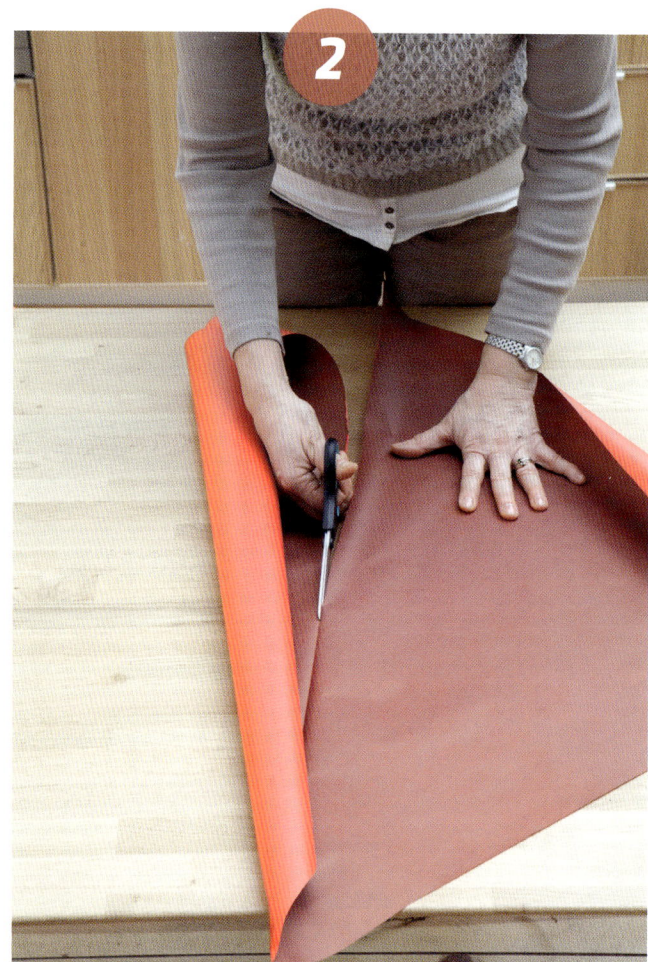

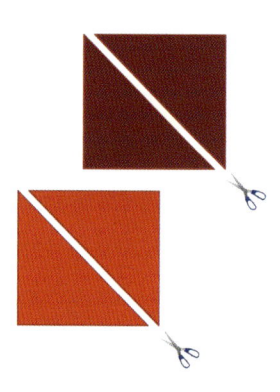

> Jouer avec les couleurs de votre papier en pliant vos triangles encore en 2 et installer le bouquet sur un des triangles.
> Play with the two colors of the wrapping paper by folding the triangles double again. Place the bouquet on one of the triangles.

> Placer au fur et à mesure les autres triangles autour du bouquet.
> Place the other triangles one after the other around the bouquet.

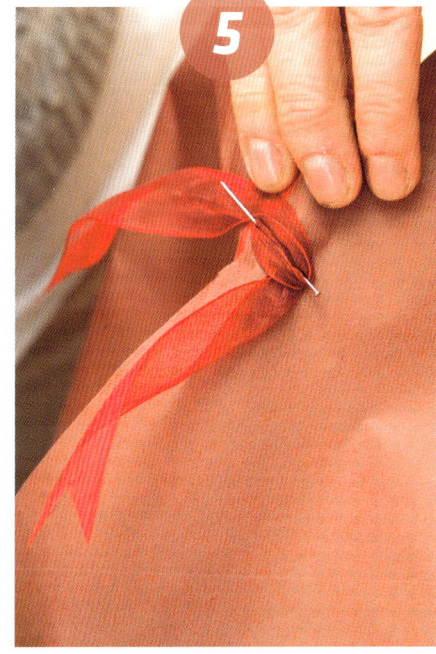

> Attacher votre bouquet et finir par quelques épingles et ruban sur chacun des triangles si nécessaire.
> Fix the bouquet and finish the wrapping with pins and ribbons on each side of the triangles if necessary.

30 **Floral Art**
Martine Soulier

Emballer
les plantes simples ou élaborées

Wrapping
simple or elaborate plants

Rhombe Rhombus

Matériel
Papier kraft 80 cm
Ciseaux
Pince à papier

Materials
Kraft paper 80 cm
Scissors
Binder clips

Végétaux
Alocasia

Plants
Alocasia

› Astuce : pour déterminer le bon carré de papier il vous faut la hauteur et la profondeur de votre plante, vase ou arrangement.
› Tip: To determine the right size of the paper square, you need to measure the height and the width of the plant, vase or arrangement.

› Astuce : cet emballage peut se préparer à l'avance, vous pouvez mettre un morceau de double face sur les 4 pointes A,B,C et D lors de sa réalisation.
› Tip: This wrapping can be prepared in advance by placing double-sided tape on the tips A,B,C and D at the time of the pre-folding.

› Couper un carré de papier kraft en fonction de votre plante.
› Cut a square sheet of kraft paper to fit the size of the plant.

› Plier votre carré en diagonale.
› Fold the square paper at a diagonal.

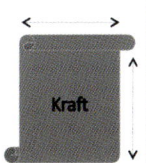

3

› Retourner votre papier et plier en deux de chaque côté suivant les pointillés.
› Turn the paper over and fold each side in half following the dotted lines.

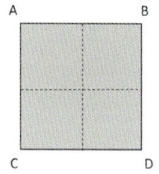

4

› Placer votre pliage, les pointes à l'extérieur et rentrer les plis creux à l'intérieur afin de former un triangle double.
› Place the wrapping with the tips on the outside and bring the valley folds towards the inside to form a double triangle.

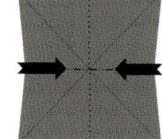

5

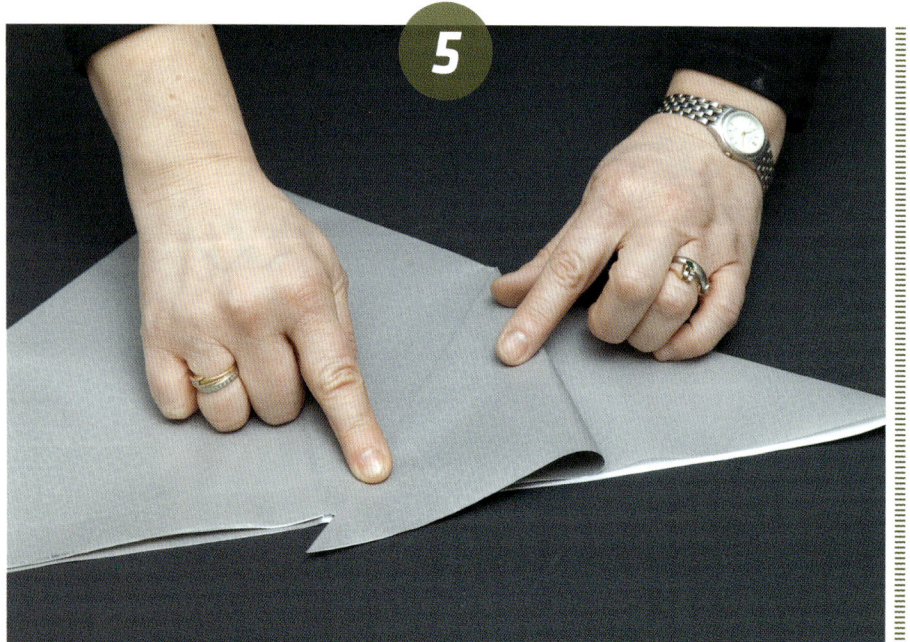

› Rabattre le point A sur le milieu du triangle en remontant légèrement de 4 cm environ. Marquer le pli.
› Bring tip A down to the middle of the triangle by taking it up slightly by around 4 cm. Press down the fold.

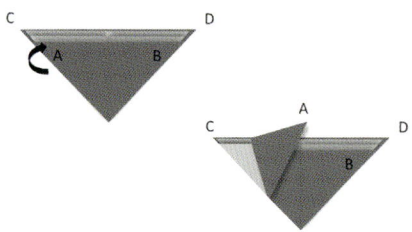

6

› Faire le même rabat avec le point B.
› Do the same for B.

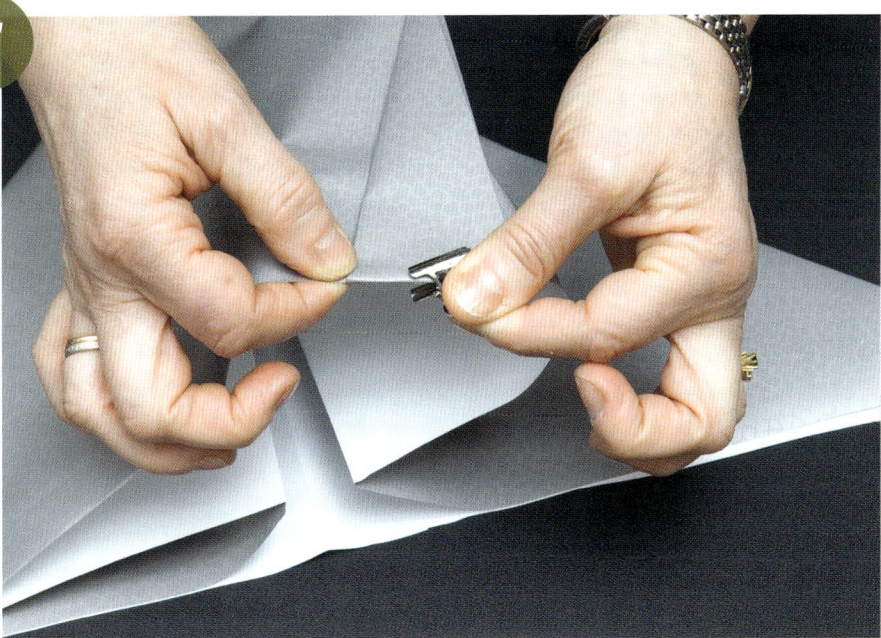

› Ouvrir votre pliage et insérer la pointe A à l'intérieur, puis positionner votre pince.
› Open the wrapping and tuck tip A inside, then place a binder clip on the fold.

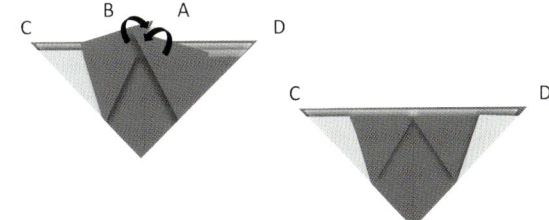

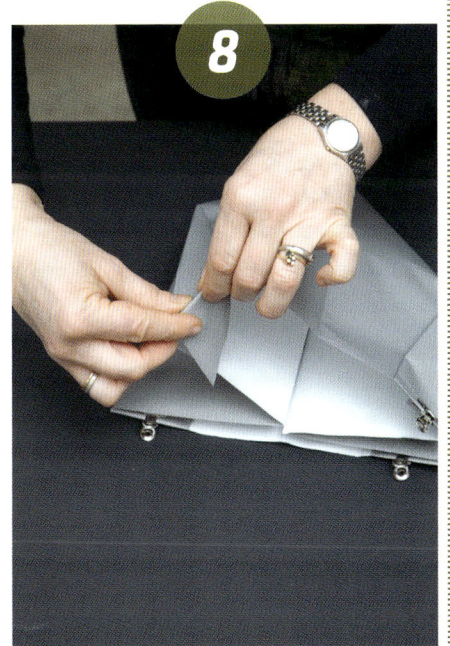

› Reprendre les mêmes explications pour les pointes B,C,D.
› Do the same for B, C and D.

› Ouvrir votre emballage, placer votre plante à l'intérieur, rectifier la position des pinces si nécessaire.
› Open the wrapping, place the plant inside, and if necessary adjust the positions of the binder clips.

Matériel
Papier kraft 80 cm
Ciseaux
Agrafeuse

Materials
Kraft paper 80 cm
Scissors
Stapler

Végétaux
Anthurium

Botanical materials
Anthurium

› Astuce : cet emballage peut se préparer à l'avance.
› Tip: This wrapping can be prepared in advance.

› Couper un carré de papier kraft, pour cela plier le papier en diagonale le point B vers le point C. Appuyer sur le pli.
› Cut a square sheet of kraft paper by folding point A onto point B at a diagonal, press down and cut along the edges of the paper.

41

> Vous obtenez un triangle.
> This will give you a triangle.

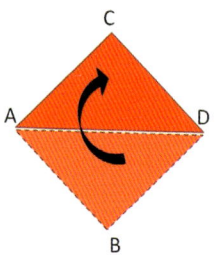

> Rabattre la pointe A sur le côté droit point A' de façon à obtenir une ligne droite, parallèle au bas de la pliure.
> Fold down point A on the right side of A' to obtain a straight line parallel to the bottom of the fold.

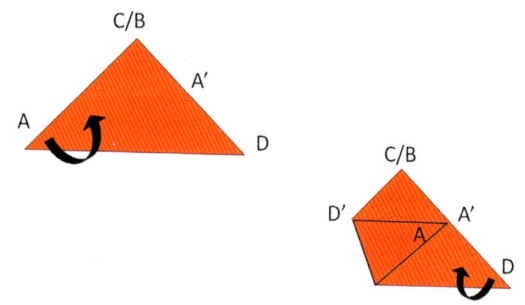

> Rabattre le point D vers le point D'.
> Fold point D onto point D'.

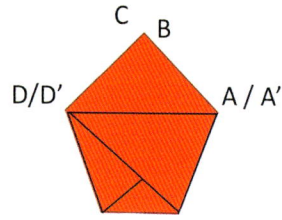

5

> Agrafer si nécessaire.
> Staple this fold if necessary.

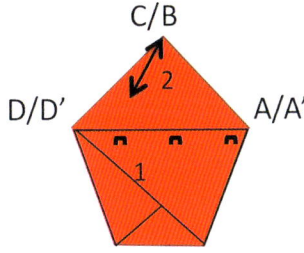

6

> Ouvrir et rabattre le triangle du haut, marquer le pli et placer votre étiquette boutique.
> Open and fold down the triangle on top and staple your shop label onto the paper.

7

> Ouvrir votre pochette et déposer votre plante à l'intérieur.
> Open the pouch and place the plant inside.

Graphique   Graphic

Matériel
Papier kraft 80 cm
Ciseaux
Corde
Perforeuse

Materials
Kraft paper 80 cm
Scissors
Twine
Hole punch

Végétaux
Calathea crocata

Botanical materials
Calathea crocata

› Couper 3 fois ½ le volume de votre plante.
› Cut the paper 3 ½ times the volume of the plant.

80 cm

Kraft

› Faire un revers de 20 cm environ sur le papier.
› At the bottom, fold over about 20 cm of the paper.

› Plier en diagonale le papier.
› Fold the paper diagonally.

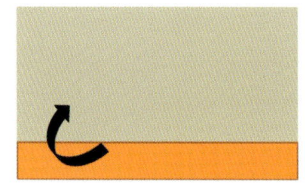

› Positionner votre plante au centre.
› Position the plant in the center of the paper.

› Rabattre le papier sur la hauteur du pot.
› Bring the paper up to cover the bottom of the pot.

› Astuce : vous pouvez faire un pré-pliage à l'avance de l'étape 1 à 3.
› Tip: Steps 1 through 3 can be prepared in advance.

› Maintenir et plier le papier contre le pot.
› Hold the paper against the bottom of the pot and fold the right side against the pot.

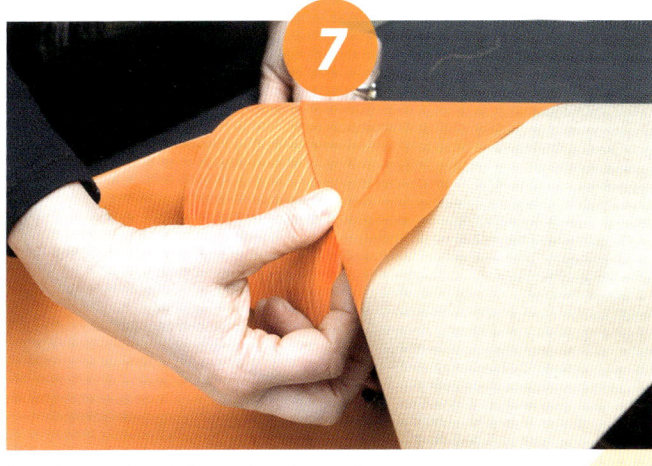

› Rabattre le côté gauche du papier sur le pot.
› Fold the left side of the paper over the pot.

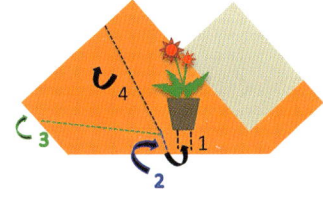

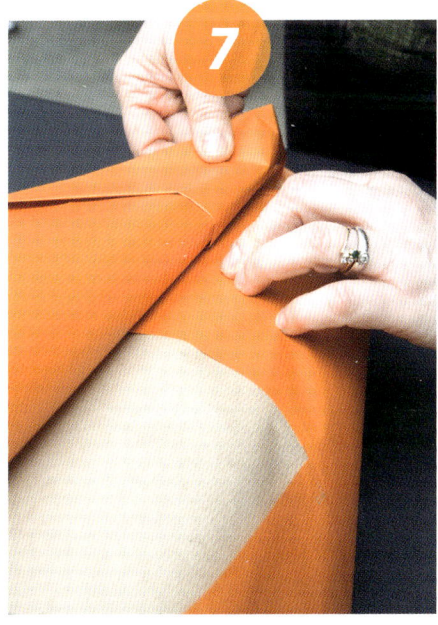

› Puis refermer le côté droit du papier sur votre plante en faisant un revers.
› Then fold the right side of the paper over the plant by making a flap.

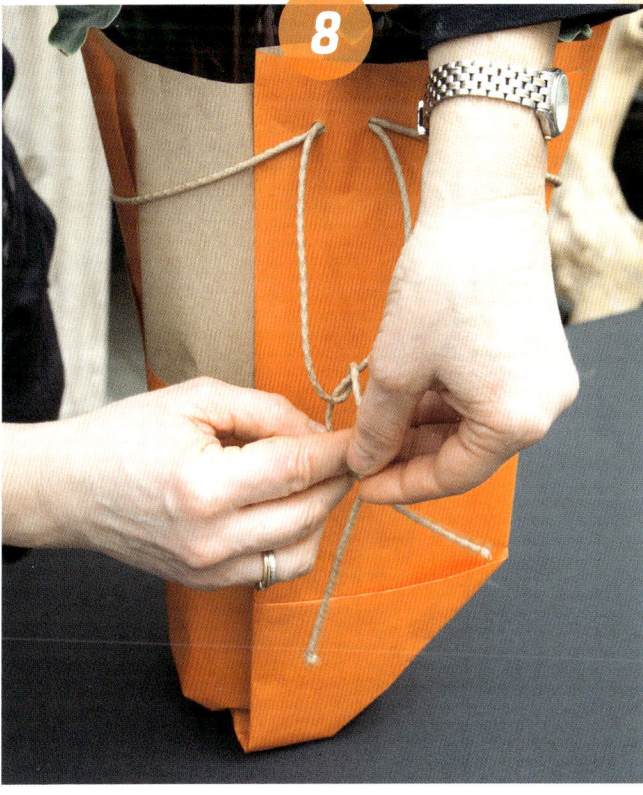

› Perforer le revers du papier, placer la corde esthétiquement autour de la plante.
› Perforate the flap and finish by running twine through the holes and around the plant.

Matériel
Papier kraft 80 cm
Ciseaux
Papier vinyle tigre
 (2 carrés coupés)

Materials
Kraft paper 80 cm
Scissors
Tiger vinyl paper
 (2 squares)

Végétaux
Begonia maculata

Botanical materials
Begonia maculata

› Astuce : pour déterminer le bon carré de papier, il vous faut la hauteur et la profondeur de votre plante/vase ou arrangement. Cet emballage peut se préparer à l'avance.
› Tip: To determine the right size of the paper square, measure the height and the width of the plant, vase or arrangement.
This wrapping can be prepared in advance.

› Couper un carré de papier kraft, en fonction de votre plante.
› Cut a square sheet of kraft paper to fit the size of the plant.

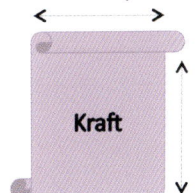
Kraft

› Plier votre papier en 2 diagonales, le retourner.
› Fold the the two diagonals and turn the sheet over.

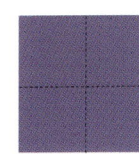

› Plier votre papier horizontalement, puis ouvrir et plier verticalement.
› Fold the paper in half horizontally, open it, and then do the same vertically.

› Plier et faire rejoindre les 4 pointes au sommet.
› Fold and join the tips at the top.

› Soulever la pointe A et B, placer au milieu du pli, appuyer fortement, coller un carré de vinyle tigre pour maintenir les deux points.
› Lift points A and B, fold them towards the middle of the paper, press down and glue a square piece of tiger vinyl paper to hold the tips together.

› Faire la même opération sur l'autre côté du pliage.
› Do the same for the other side of the wrapping.

› Ouvrir votre emballage et positionner votre plante.
› Open the wrapping and place the plant inside.

Matériel
Papier kraft 80 cm
Ciseaux, Raphia
Épingles
Perforeuse
Materials
80 cm of kraft paper
Scissors
Raffia string
Pins
Hole punch

Végétaux
Calceolaria
Botanical materials
Calceolaria

› Couper un carré de papier kraft ;
pour cela plier le papier en diagonale.
› Cut a square sheet of kraft paper
by folding a diagonal.

› Plier dans les 2 diagonales.
› Fold both diagonals.

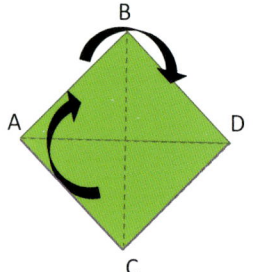

› Couper au milieu des 4 côtés.
› Cut all four sides of the paper in half.

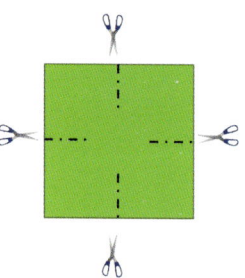

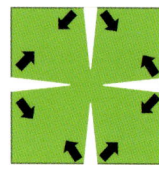

› Replier les 2 pointes vers l'extérieur, de chaque côté.
Epingler celles-ci en les superposant.
› Bring the opposing tips of every square together by placing one tip over the other and pinning them together.

› Retourner votre pliage et mettre votre plante ou arrangement au centre.
› Turn the wrapping around and place your plant or arrangement in the middle.

› Perforer le haut et placer votre raphia pour maintenir les 4 volets.
› Punch holes in every tip of the wrapping and insert raffia string to hold the four flaps together.

57

Emballer les plantes simples ou élaborées Wrapping simple or elaborate plants

Coffret Végétal
Plant Gift box

Matériel
Papier kraft 80 cm
Ciseaux
Stick papier ou paille, rotin, mikado

Materials
Kraft paper 80 cm
Scissors
Paper straw, rattan or pick up sticks

Végétaux
Echeveria

Botanical materials
Echeveria

› Astuce : pour déterminer le bon carré de papier il vous faut la hauteur et la profondeur de votre plante, vase ou arrangement. Cet emballage peut se préparer à l'avance.
› Tip: To determine the right size of the square of the paper, you need to measure the height and width of the plant, vase or arrangement. This wrapping can be prepared in advance.

› Couper un carré de papier kraft, en fonction de votre plante.
› Cut a square sheet of kraft paper large enough for the plant.

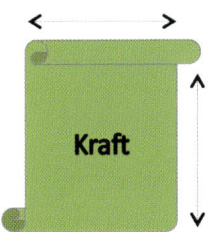

› Plier en 2 suivant les pointillés AB/CD puis ouvrir et plier sur AC/BD.
› Fold the paper in two, first fold the lines AB/CD, open the paper and then fold AC/BD.

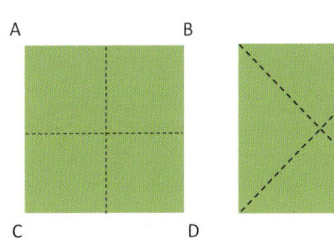

61

Emballer les plantes simples ou élaborées Wrapping simple or elaborate plants

> Retourner votre papier, plier en diagonale.
> Turn the paper over and fold at a diagonal.

> Faire rejoindre les 4 pointes ensemble au sommet.
> Join the four corners at the top.

> Plier le côté gauche point A sur le pli du milieu. Vous avez le point A' qui apparaît.
> By folding the left side of point A to the middle, point A' will appear.

> Plier le côté droit point B sur le pli du milieu. Vous avez le point B' qui apparaît
> By folding the right side of point B to middle, point B' will appear.

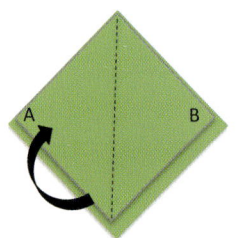

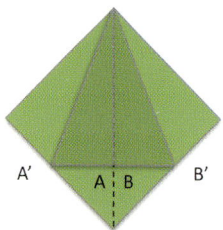

> Déplier le côté gauche A, ouvrir jusqu'au fond afin d'obtenir un losange.
> Unfold the left side of A, open it all the way to obtain a diamond shape.

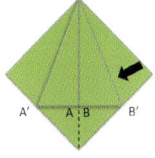

> Faire le même procédé pour le côté droit, point B.
> Do the same for the right side.

> Retourner votre pliage et faire le même procédé que les points A et B pour les côtés E et F.
> Turn the wrapping over and do the same for points E and F.

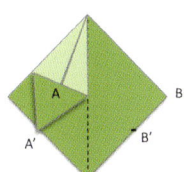 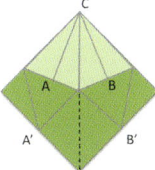

> Abaisser la pointe au niveau de la ligne, puis retourner votre pliage et faire le même procédé pour la pointe.
> Lower the tip to the same level as the line and fold down. Turn the wrapping over and do the same on the that side.

› Ouvrir un côté perpendiculaire et aplatir celui-ci à l'intérieur où se trouve votre pointe rabattue afin d'avoir un pliage plat.
› In order to obtain a flat wrapping, open the perpendicular side and even it out on the inside where the folded down tip is.

› Plier le côté gauche sur le pli du milieu. Plier le côté droit sur le pli du milieu.
› Fold the left side on the middle fold. Repeat for the right side.

› Rabattre la pointe qui apparait sur la ligne.
› Bring down the tip that appears on the line.

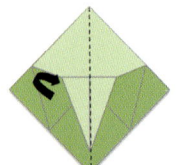 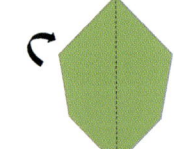
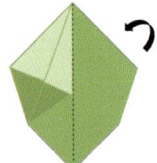
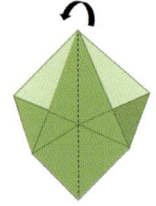 

› Retourner votre pliage et faire le même procédé pour les derniers points.
› Turn the wrapping over and do the same for the remaining tips.

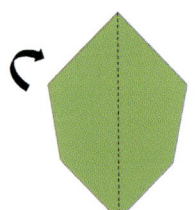   

> Votre pliage est terminé.
> The wrapping is now ready.

> Placer votre plante ou arrangement à l'intérieur.
> Place your plant or arrangement in the gift box.

> Perforer et positionner vos sticks ou autres finitions de votre choix.
> Punch holes and decorate the top with sticks or finishing touches of your choice.

Pyramidal Pyramidal

Matériel
Papier kraft 80 cm
Ciseaux
Agrafeuse
Ruban velours 'mokuba'
Materials
Kraft paper 80 cm
Scissors
Stapler
Velvet ribbon 'mokuba'

Végétaux
Guzmania
Botanical materials
Guzmania

› Astuce : cet emballage peut se préparer à l'avance pour vos plantes ou arrangements.
› Tip: This wrapping for plants or arrangements can be prepared in advance.

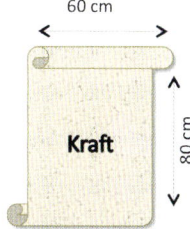

› Couper un rectangle d'environ 60 cm.
› Cut a paper rectangular of about 60 cm.

> Replier le point A par-dessus le papier.
> Fold point A towards the middle line.

> Plier en 2.
> Fold it in half.

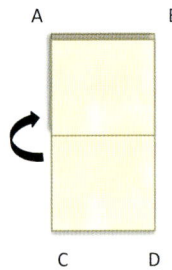

> Plier les points A et B perpendiculaires au pli central.
> Fold points A and B towards the centre fold.

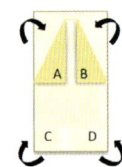

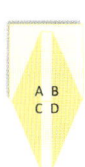

› Plier les points C et D qui vont rejoindre les points A et B. Bien marquer le pli.
› Fold points C and D to join points A and B and press down the fold.

› Retourner votre pliage et replier les pointes du haut perpendiculaires suivant les pointillés.
› Turn the wrapping over and fold the perpendicular points at the top following the dotted line.

 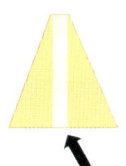  

› Plier en deux votre emballage de sorte que les pointes A, B, C, D se trouvent à l'extérieur et ouvrir l'emballage. Agrafer si nécessaire au niveau des pointes.
› Fold the wrapping in half so that points A,B,C, and D are on the outside. Open and staple the tips if necessary.

› Placer vote plante à l'intérieur, perforer sur les côtés afin de serrer l'ouverture selon le volume de votre plante.
› Place the plant inside the wrapping, punch holes in the sides in order to tighten the opening to fit the volume of the plant.

70 **Floral Art** Martine Soulier

Get inspired

71

Les généreux et festifs

Generous and festive

Bucolique
Bucolic

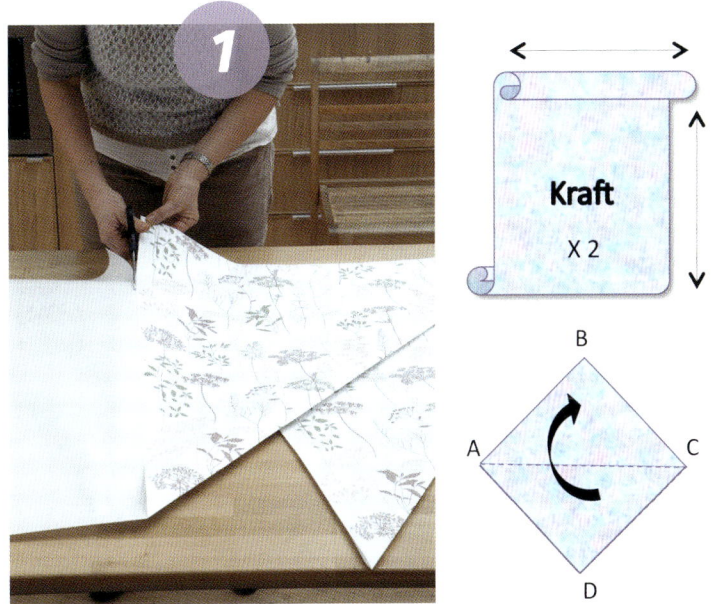

Matériel
Papier kraft 80 cm
Ciseaux
Perforeuse
Raphia

Materials
Kraft paper 80 cm
Scissors
Hole punch
Raffia

Végétaux
Rosa
Eustoma
Panicum

Botanical materials
Rosa
Eustoma
Panicum

› Couper 2 carrés de kraft, former le pli de la diagonale. Appuyer fort.
› Cut 2 square sheets of kraft paper by folding the sheets at a diagonal and press down the folds.

› Placer votre carré ouvert, pointe devant vous.
› Open one square sheet and place it in front of you.

> Plier les points A et B sur le pli du milieu et marquer celui-ci.
> Fold points A and B towards the middle fold and press down.

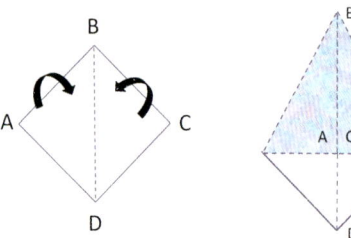

> Faire de même pour les points C et B.
> Do the same for points C and B.

> Rabattre le point D à l'extérieur.
> Fold point D down towards the outside.

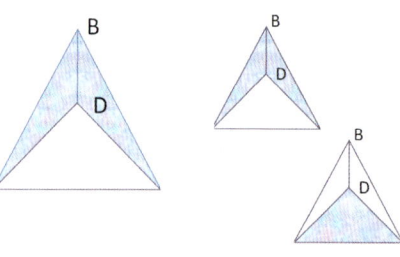

> Faire la même opération sur le deuxième kraft en jouant avec les couleurs opposées.
> Do the same with the second sheet of paper. Make use of the opposing colors on the inside and the outside of the paper.

› Superposer les 2 triangles et perforer ensemble. Lacer le tout en donnant une bonne distance, ne pas nouer le bas de votre entrelacement car le reste du raphia vous servira pour attacher votre bouquet.
› Join the 2 triangles by punching holes along the edges of the papers. Keep a good distance between both sheets and lace them together. Do not tie the bottom of the laces because the rest of the raffia will be used to attach the bouquet.

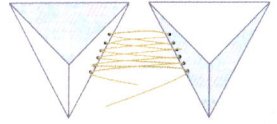

› Poser votre bouquet entre les 2 papiers.
› Place the bouquet between the 2 sheets of paper

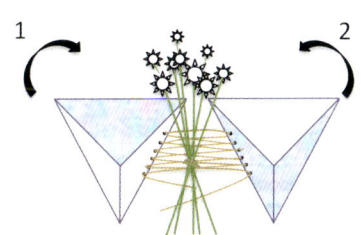

› Astuce : vous pouvez faire un pré-pliage à l'avance de l'étape 1 à 7.
› Tip: Steps 1 through 7 can be done in advance.

› Rabattre le côté gauche du papier et le côté droit, puis attacher.
› Bring the left side of the paper over the bouquet, then the right side, and finally attach them.

› Pour finir, perforer également le devant de votre emballage puis fermer en laçant avec le raphia.
› To finish, punch holes on the front of the wrapping. Close it by stringing it together with raffia.

Matériel
Papier kraft 80 cm
Ciseaux
Perforeuse
Laine laitonnée
Fibre

Materials
Kraft paper 80 cm
Scissors, Hole Punch
Wired wool cord
Fiber sheet

Végétaux
Eustoma
Ammi majus
Iris (feuilles)

Botanical materials
Eustoma
Ammi majus
Iris (leaves)

› Couper un carré de kraft en marquant le pli et un carré de fibre.
› Cut a square sheet of kraft paper and one square sheet of fiber paper.

› Couper votre fibre dans la diagonale, garder juste une coupe.
› Cut the fiber sheet in half diagonally. We will only use one triangle.

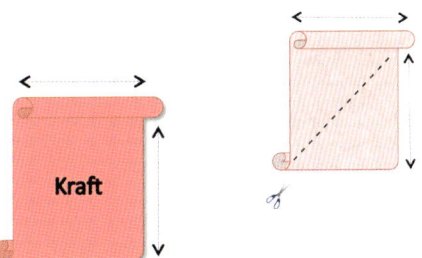

3

› Placer votre papier kraft devant, le plier en deux.
› Place your folded kraft paper in front of you, fold in half.

› Placer le point A sur le point C. Bien marquer le pli, puis ouvrir.
› Place point A on point C, press down the fold, and open it.

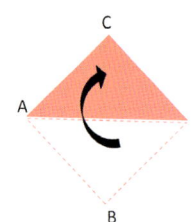

4

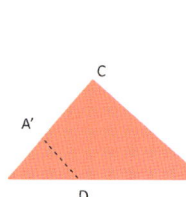

› Pour faire le deuxième pli, rabattre le triangle inferieur sur A' en suivant les pointillés.
› For the second fold, fold down the smaller triangle on point A by following the dotted line.

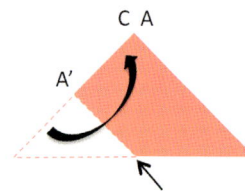

5

› Perforer 4 trous sur la ligne A et de A', attacher les soufflets avec votre lien en faisant une jolie finition.
› Punch 4 holes on line A and A', connect the holes with wired wool cord as a nice finish.

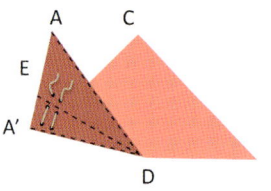

› Rabattre en premier votre kraft côté gauche puis côté droit en les superposant, perforer et maintenir avec la laine.
› First fold down the kraft paper on the left side, overlap it with the right side, punch holes and insert wired wool cord to hold the wrapping together.

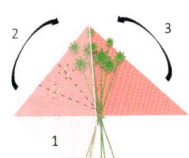

› Installer votre bouquet au milieu du pliage et recouvrir avec le fibre.
› Place your bouquet in the middle of the kraft paper and cover it with the fiber paper.

› Plisser et attacher le bas de votre emballage avec la laine en formant un bouton.
› Crinkle the grip at the bottom of the wrapping and tie it with wired wool cord. Make a flower bud as a finishing touch.

Matériel
Papier kraft 80 cm
Attaches anneaux
d'encadrement
Perforeuse
Cordelette
Ciseaux

Materials
Kraft paper 80 cm
Ring fasteners
Hole punch
Paper cord
Scissors

Végétaux
Rosa
Panicum
Gaultheria

Botanical materials
Rosa
Panicum
Gaultheria

1

› Couper un carré de kraft.
› Cut a square sheet of kraft paper.

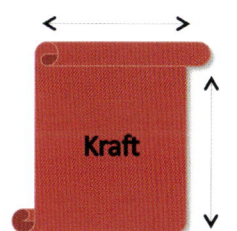

2

› Plier votre carré en deux en faisant un décalage. Placer le point A sur le point C, bien marquer le pli.
› Fold the sheet in two but make the triangles a different shape. Fold point A onto point C and press down.

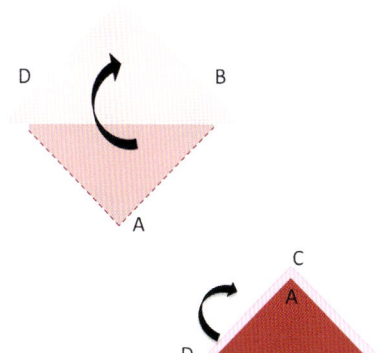

3

› Positionner le pli du bas du triangle point D sur le point C et marquer celui-ci. Puis ouvrir votre pliage.
› Position the fold on the bottom of triangle point D on point C, press down and open again.

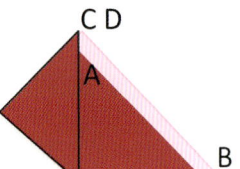

4

› Pour faire le deuxième pli rabattre le triangle inférieur sur A' et marquer celui-ci.
› For the second fold, fold down the smaller triangle on point A' and press down.

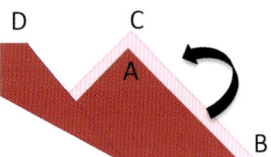

5

› Placer le point B sur le point C, marquer bien le pli, puis ouvrir votre pliage.
› Fold point B on point C, press down and open the fold.

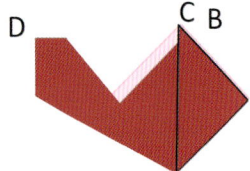

6

› Pour faire le deuxième pli, rabattre le triangle inférieur sur B' et marquer celui-ci.
› For the second fold, fold down the smaller triangle on point B' and press down.

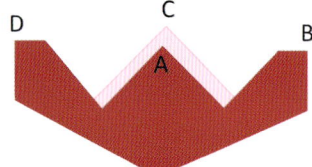

› Installer votre bouquet au milieu.
› Place the bouquet in the middle.

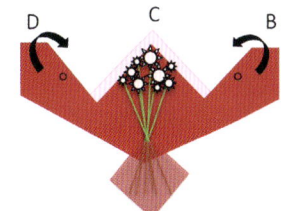

› Perforer de chaque côté en haut de votre emballage puis placer votre attache-anneau.
› Punch holes in the top of each side of the wrapping and insert ring fasteners.

› Couper un morceau de papier kraft pour cacher les tiges et attacher avec la cordelette.
› Cut a piece of kraft paper to hide the stems, and attach it with paper cord.

› Terminer par mettre la cordelette dans les anneaux d'attaches, puis fermer l'ensemble en lui donnant tout son volume.
› Finish by putting paper cord in the ring fasteners. Close and give some volume to the wrapping.

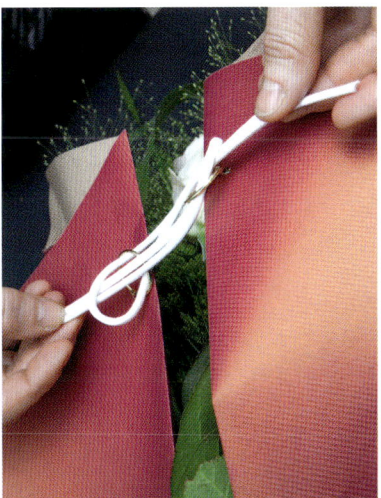

Fourreau
Sheath

Matériel
Papier kraft 80 cm
Ciseaux
Perforatrice
Ruban en cuir 'Mokuba'

Materials
Kraft paper 80 cm
Scissors
Hole punch
'Mokuba' leather ribbon

Végétaux
Ranunculus
Typha

Botanical materials
Ranunculus
Typha

> Couper un carré de papier kraft et plier le papier en diagonale le point B vers le point C.
> Cut a square sheet of kraft paper and fold the diagonal from point B to C.

> Plier votre carré en diagonale.
> Fold the diagonals.

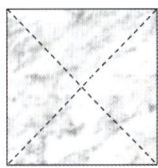

3

› Retourner votre papier et plier en deux de chaque côté suivant les pointillés.
› Turn the paper over and fold each side in half according to the dotted lines.

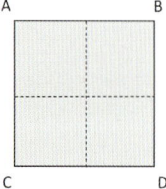

4

› Placer votre pliage, les pointes à l'extérieur et rentrer les plis creux à l'intérieur afin de former un triangle double.
› Place the sheet with the tips facing outward and tuck the valley folds inside to form a double triangle.

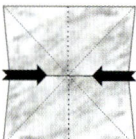

5

› Rabattre le point A sur le pli du milieu, puis faire le même pli pour le point B.
› Bring point A towards the centre fold and do the same for point B.

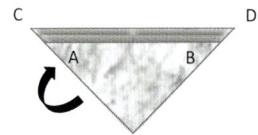

6

› Retourner votre pliage et répéter la même opération pour les points C et D.
› Turn the folded paper over and do the same for points C and D.

7

› Couper la pointe de votre pliage.
› Cut off the tip at the bottom of the paper.

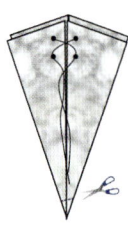

› Perforer de part et d'autre des volets extérieurs et glisser votre lacet en cuir.
› Punch holes on both sides of the outside covering and slide the leather ribbon through the holes.

› Glisser le bouquet à l'intérieur, et serrer votre lien en fonction du volume de votre bouquet.
› Slide the bouquet in the wrapping and tighten the grip according to the volume of the bouquet.

› Astuce : cet emballage se réalise à l'avance de l'étape 1 à 7.
› Tip: Steps 1 through 7 of this wrapping can be done in advance.

› Finir votre emballage en plaçant un morceau de papier kraft pour cacher les tiges. Nouer avec le lacet.
› Finish the wrapping by placing a piece of kraft paper at the grip to hide the stems. Tie a knot with the ribbon.

Matériel
Papier kraft 80 cm
Ciseaux
Sticks en papier
Aimant
Materials
Kraft paper 80 cm
Scissors
Paper sticks
Magnet

Végétaux
Ranunculus
Typha
Botanical materials
Ranunculus
Typha

› Astuce : vous pouvez faire un pré-pliage de l'étape 1 à 4.
› Tip: Steps 1 through 4 can be done in advance.

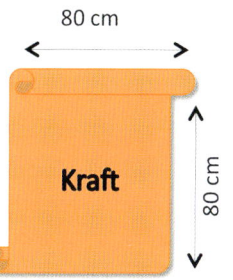

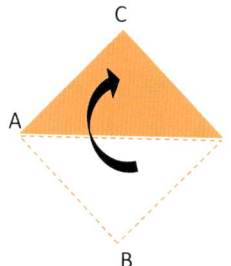

› Couper un carré de papier kraft et plier le papier en diagonale le point B vers le point C.
› Cut a square sheet of kraft paper and fold the diagonal from point B to C.

> Vous obtenez un triangle.
> You will end up with a triangle.

> Placer le point A sur le point C, bien marquer le pli, puis ouvrir.
> Fold point A towards point C, press down and open the fold.

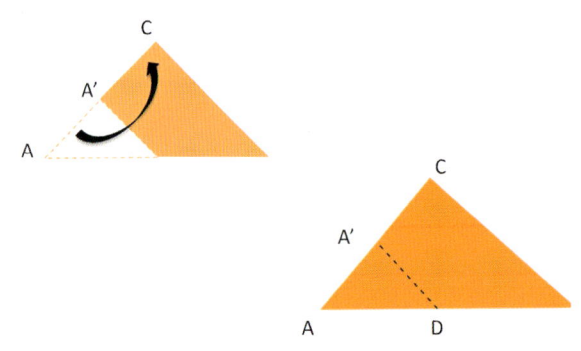

> Pour faire le deuxième pli, rabattre le triangle inférieur sur A' et marquer celui-ci. Le point E apparaît.
> For the second fold, fold down the smaller triangle on point A', press down. Point E will appear.

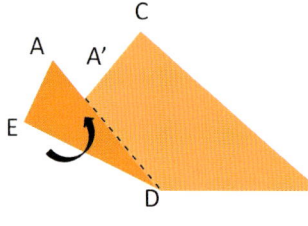

› Placer votre bouquet au milieu.
› Place the bouquet in the middle.

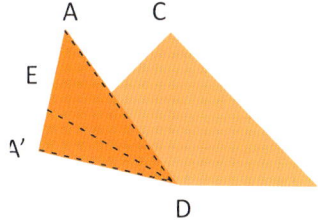

› Rabattre le côté droit en premier sur le bouquet, puis rabattre le côté gauche dessus.
› Fold the right side of the wrapping paper over the bouquet, next do the same with the left side.

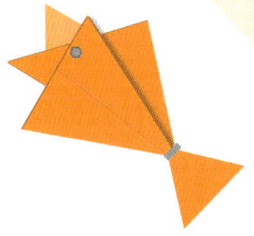

› Fermer avec l'aimant.
› Close with a piece of magnet.

› Pour terminer l'emballage, placer un morceau de papier kraft au niveau du lien du bouquet et twister avec le stick de papier.
› To finish the wrapping, place a piece of kraft paper at the grip of the bouquet and twist a paper stick around it.

Les généreux et festifs Generous and festive

Floral Art
Martine Soulier

Laissez-vous inspirer *Get inspired*

101

103

Les originaux
simples et chics

Originals
simple and chic

Tropical
Tropical

Matériel
Papier kraft bicolore 80 cm
Ciseaux
Perforeuse
Lien naturel de feuille pandanus
Materials
Bicolored kraft paper 80 cm
Scissors
Hole punch
Natural pandanus leaf ties

Végétaux
Strelitzia
Arachnis
Cordyline
Pandanus
Botanical materials
Strelitzia
Arachnis
Cordyline
Pandanus

› Astuce : cet emballage peut se préparer à l'avance de l'étape 1 à 4. Vous pouvez l'adapter également pour une plante du type orchidée Phalaenopsis.
› Tip: Steps 1 through 4 of this wrapping can be prepared in advance. It can also be adapted for plants such as Phalaenopsis.

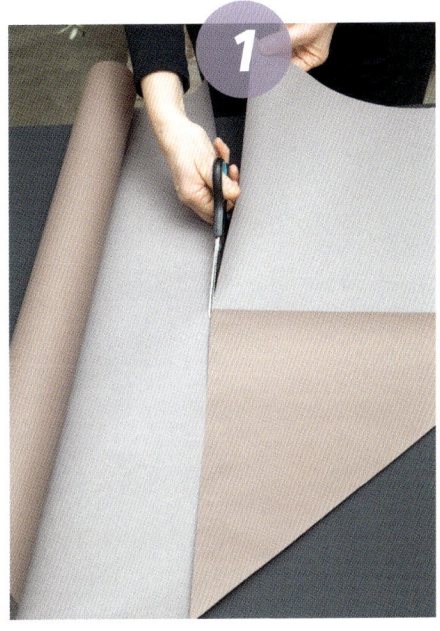

› Couper un carré de papier kraft, pour cela plier le papier en diagonale le point B vers le point C. Appuyer pour former le pli et couper.
› Cut a square sheet of kraft paper by folding point B towards point C at a diagonal, press down and cut along the edge of the paper.

› Placer votre carré de papier, pointe devant vous.
› Place the square sheet of paper with one of the corners facing you.

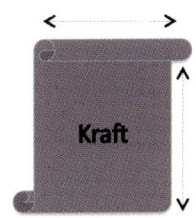

> Retourner le pliage et faire la même opération.
> Turn over and do the same as in step 2.

> Plier les points A/B sur la pliure du milieu. Marquer le pli.
> Fold points A and B towards the middle fold and press down.

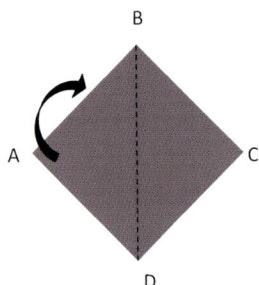

> Placer votre bouquet au milieu.
> Position the bouquet in the middle.

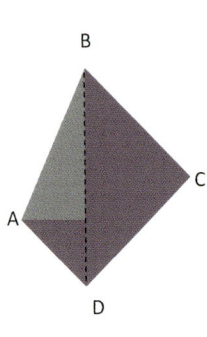

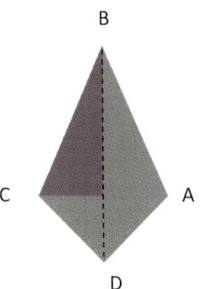

> Perforer le côté droit au point A du pliage, rabattre le côté gauche, puis le droit par-dessus.
> Punch a hole on the right side of the paper at point A. First fold over the left side, next the right side.

> Créer 2 plis creux à la base du bouquet. Attachez celui-ci avec votre lacet végétal.
> Create 2 valley folds at the base of the bouquet. Fix with the pandanus leaf tie.

> Faire courir le lien naturel jusqu'en haut de votre packaging en le bloquant esthétiquement.
> Run the natural pandanus tie to the top of the wrapping and tighten it in an artful way.

Illusion   *Illusion*

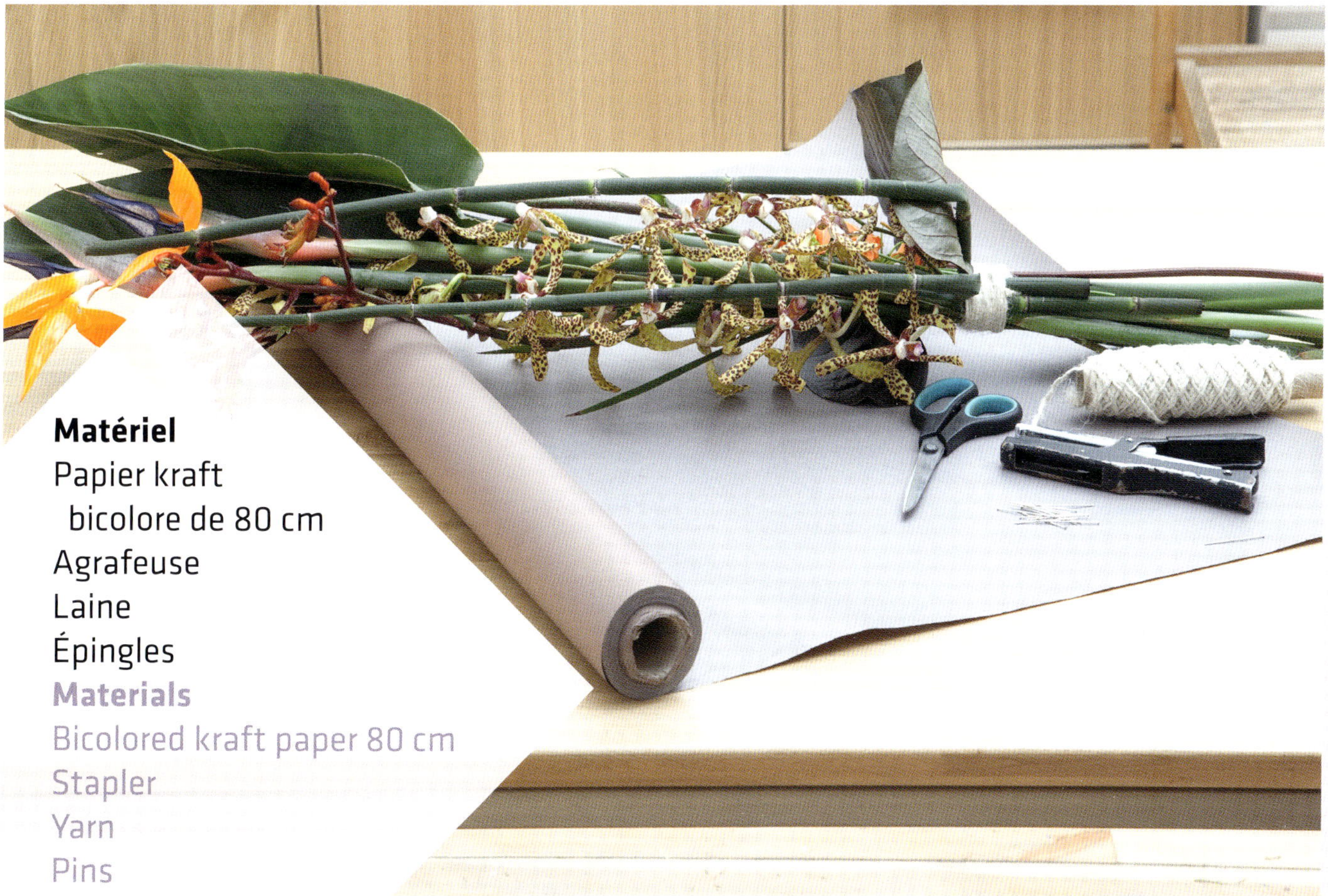

Matériel
Papier kraft
 bicolore de 80 cm
Agrafeuse
Laine
Épingles

Materials
Bicolored kraft paper 80 cm
Stapler
Yarn
Pins

Végétaux
Strelitzia
Anigozanthos
Feuilles de Strelitzia
Equisetum
Gloriosa
Arachnis
Philodendron 'Rojo Congo'

Botanical materials
Strelitzia
Anigozanthos
Strelitzia leaves
Equisetum
Gloriosa
Arachnis
Philodendron 'Rojo Congo'

› Couper la hauteur de votre bouquet : plus de 30 cm.
› Cut the paper 30 cm longer than the height of the bouquet.

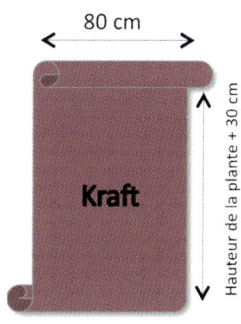

> Plier en deux votre papier dans le sens de la largeur et couper au pli.
> Fold the paper in half lenghtwise and cut on the fold.

> Vous obtenez deux morceaux. Replier chaque rectangle dans le sens de la longueur.
> This will give you two sheets. Fold each rectangle lengthwise.

> Couper au centre les 2 rectangles.
> Cut a hole in the center of the rectangles.

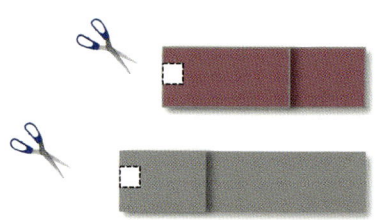

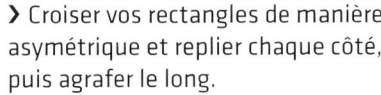

› Croiser vos rectangles de manière asymétrique et replier chaque côté, puis agrafer le long.
› Cross the rectangles asymmetrically, fold each side of the paper in half, and then staple the folds at the bottom of all four sides.

› Insérer votre bouquet à l'intérieur, épingler les côtés de vos rectangles.
› Insert the bouquet into the wrapping, and pin the sides of the rectangles together.

› Tisser pour maintenir les rectangles de kraft avec la laine et agrafer au gré de votre inspiration. Placer pour finir un morceau de kraft, nouer avec la laine.
› To hold the sides of the kraft paper rectangles together, thread yarn through the front opening and staple it onto the paper. To finish, place a piece of kraft paper at the grip and attach it with yarn.

Matériel
Kraft bicolore 80 cm
Ciseaux
Perforeuse
Morceau de raphia armé
Materials
Bicolored kraft paper 80 cm
Scissors
Hole punch
Raffia cord

Végétaux
Strelitzia
Amaranthus
Aspidistra
Botanical materials
Strelitzia
Amaranthus
Aspidistra

› Couper 2 rectangles de 40 cm environ.
› Cut 2 rectangles of about 40 cm.

> Plier un rectangle en diagonale juste en faisant dépasser la pointe.
> Fold one of the rectangles at a diagonal. Make the fold at an angle.

> Faire la même opération en inversant les couleurs.
> Do the same for the second sheet of paper, but turn the paper over to show the other color.

> Placer les 2 pliages ensemble et les perforer.
> Place the 2 folded sheets on top of each other and punch holes all along the edge of one side of the paper stack.

› Placer les pliages en face et lacer avec le raphia armé.
› Open the sheets, place them side by side and lace together with raffia cord.

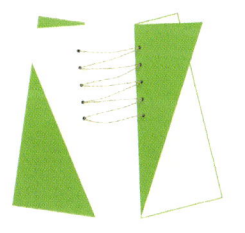

› Installer le bouquet au milieu et refermer esthétiquement votre pliage de chaque côté.
› Insert the bouquet in the middle of the wrapping and close it artfully.

› Attacher avec votre raphia armé.
› Fix the wrapping around the stems with raffia cord.

› Astuce : vous pouvez faire un pré-pliage à l'avance de l'étape 1 à 4.
› Tip: Steps 1 through 4 can be done in advance.

Twins Twins

Matériel
2 papiers kraft
 différents de 80 cm
Ciseaux
Cordelette laitonnée
2 pinces à papier

Materials
2 different sheets of
 kraft paper of 80 cm
Scissors
Wired wool cord
2 metal binder clips

Végétaux
Clematis
Prunus
Ranunculus
Rosa
Choisya

Botanical materials
Clematis
Prunus
Ranunculus
Rosa
Choisya

› Couper en même temps 2 carrés de papier kraft. Pour cela plier la papier en diagonale le point B vers le point C.
› Cut 2 square sheets of different colored kraft paper at the same time. Do this by folding points A to points B diagonally and cut along the edges of the papers.

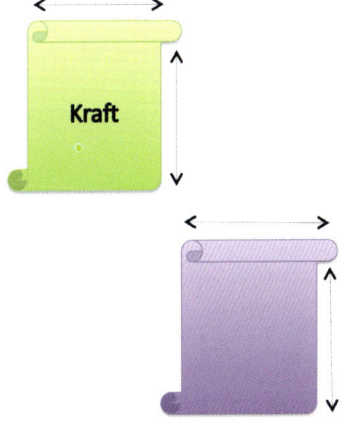

› Plier chaque feuille séparément.
› Fold each sheet diagonally.

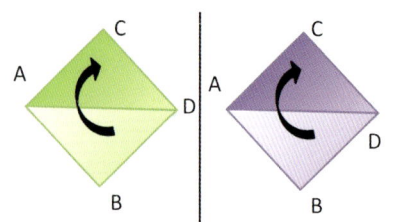

› Superposer les feuilles, pointes vers le haut.
› Place one sheet on top of the other, the tips of the triangles facing up.

› Placer le premier bouquet sur le côté gauche et enrouler le bouquet jusqu'à la moitié du papier.
Puis mettre la pince à papier.
› Place one bouquet on the left side of the paper, wrap it until the halfway mark of the paper.
Fix with a metal binder clip.

> Retourner votre emballage, faire la même opération pour le second bouquet.
> Turn the wrapping around and do the same for the other bouquet.

> Placer un morceau de papier kraft à la base du bouquet et attacher esthétiquement celui-ci.
> Place a piece of kraft paper around the bottom of the bouquets and attach it aesthetically with wired wool cord.

Floral Art
Martine Soulier

Laissez-vous inspirer Get inspired

125

127

Auteur et design floral / Author and floral designs
Martine Soulier
Formatrice freelance; Consulting
Professeur d'arrangement floral à l'Ecole des Fleuristes de Paris
Freelance floristry tutor; Consulting
Floral design teacher at Ecole des Fleuristes de Paris
www.martine-soulier.com
souliermartine@aol.com
tel: + 33 6 89 56 90 88

Photographies / Photography
Matthias Parillaud
www.photomatthias.com

Réalisation des schémas / Scheme design
Karel Rodriguez, formatrice fleuriste
karel.rodriguez@orange.fr

Traduction anglaise / English Translation
Leslie Jeunet

Graphisme / Graphic Design
www.groupvandamme.eu

Mise en page / Layout
Matthias Parillaud

Edité par / Published by
Stichting Kunstboek bvba
Legeweg 165
B-8020 Oostkamp (BE)
info@stichtingkunstboek.com
www.stichtingkunstboek.com

Printed in the EU

ISBN 978-90-5856-576-1
D/2017/6407/11
NUR 421

All rights reserved. No part of this book may be reproduced, stored in a database or retrieval system, or transmitted, in any form, by any means, electronically, mechanically, by print, photocopying, recording or otherwise without the written permission of the publisher.

© Martine Soulier, 2017
© Stichting Kunstboek bvba, 2017

Je tiens à remercier ici toutes les personnes qui m'ont suivie et encouragée dans cette nouvelle édition et tout particulièrement Annick Spenlehauer, Tomas De Bruyne et Hitomi Gilliam qui ont accepté de préfacer cet ouvrage, ainsi que l'Ecole des Fleuristes de Paris pour sa précieuse collaboration.
Bien évidemment je ne saurais oublier les sponsors sans qui ce livre n'aurait pu voir le jour.

I would like to thank all those who supported and encouraged me to put together this new edition. I would especially like to mention and thank Annick Spenlehauer, Tomas De Bruyne and Hitomi Gilliam, who kindly agreed to preface this work, as well as the Ecole des Fleuristes de Paris for its precious collaboration.
Obviously, I cannot forget the sponsors without whom this book would never have become reality.

Groupe Agora Floris France
60520 La chapelle en Serval
Tel : +33 3 44 54 09 91
Alliance
94 638 Rungis
Tel : + 33 1 46 86 46 46
Dominge
94645 Rungis
Tel : +33 1 46 87 07 46
Penja
94635 Rungis
Tel : + 33 1 41 80 60 30